EXPLORANDO PAÍSES

T0011842

ITALIA

De Tracy Vonder Brink
Traducción de Santiago Ochoa

ÍNDICE

Un libro de El Semillero de Crabtree

CRABTREE
Publishing Company
www.crabtreebooks.com

Apoyo escolar para cuidadores y profesores

Este libro ayuda a los niños a crecer al permitirles practicar la lectura. A continuación se presentan algunas preguntas orientativas para ayudar al lector a desarrollar su capacidad de comprensión. Las posibles respuestas que aparecen aquí están en color rojo.

Antes de leer:

• ¿De qué creo que trata este libro?
  - *Creo que este libro trata sobre Italia.*
  - *Creo que este libro trata sobre los alimentos que consume la gente en Italia.*

• ¿Qué quiero aprender sobre este tema?
  - *Quiero aprender sobre la geografía de Italia.*
  - *Quiero aprender sobre el arte en Italia.*

Durante la lectura:

• Me pregunto por qué...
  - *Me pregunto por qué la cúpula de Florencia es tan grande.*
  - *Me pregunto por qué la gente en Venecia viaja en barcos por canales.*

• ¿Qué he aprendido hasta ahora?
  - *He aprendido que la pizza se inventó en Nápoles.*
  - *He aprendido que Roma es la capital de Italia.*

Después de leer:

• ¿Qué detalles he aprendido sobre este tema?
  - *He aprendido que la ciudad de Pompeya fue destruida hace casi 2 000 años.*
  - *He aprendido que Italia es una península.*

• Vuelve a leer el libro y busca las palabras del glosario.
  - *Veo la palabra **península** en la página 3 y la palabra **canales** en la página 16. Las otras palabras del glosario se encuentran en las páginas 22 y 23.*

EUROPA

ITALIA

ITALIA

Italia es un país.

Está situado en **Europa**.

Italia es una **península**.

Roma es la **capital**.
La ciudad tiene más
de 2 000 años.

En Italia, la mayoría de la gente habla italiano.

El Coliseo es un lugar famoso de Roma.

Allí los romanos veían juegos hace mucho tiempo.

La gente también visita la Fuente de Trevi en Roma.

Allí confluyen tres calles muy antiguas.

Florencia está en la parte central de Italia.

El Ponte Vecchio es su puente más antiguo.

Tiene más de 600 años.

A esta gran iglesia de Florencia la llaman el *Duomo*.

Su **cúpula** de ladrillos es la más grande del mundo.

La cúpula se construyó con más de 4 millones de ladrillos.

cúpula

13

Pisa también está en la parte central de Italia.

Su torre es famosa.

Está inclinada porque un lado se hundió en el suelo blando.

Venecia está situada en el norte.

No tiene calles para autos.

La gente viaja en botes por los **canales**.

Pompeya era una ciudad situada en el sur.

La ciudad quedó completamente sepultada por las cenizas del volcán. Los científicos la desenterraron más de mil años después.

Un volcán la destruyó hace casi 2 000 años.

Ahora la gente visita sus **ruinas**.

Nápoles también está en el sur.

Allí se inventó la pizza.

¡Italia tiene muchos lugares famosos!

Glosario

canales: Las vías en el agua hechas por el hombre para transportar botes de un lugar a otro o para llevar agua a las tierras de cultivo.

ROMA ★

capital: La ciudad donde se encuentra el gobierno de un país o Estado.

cúpula: Un techo redondeado con forma de media bola.

Europa: El continente situado entre el Océano Atlántico y Asia.

península: Un terreno rodeado en su mayor parte por agua, pero conectado a un área de tierra más grande.

ruinas: Una ciudad o edificaciones que han sido destruidas.

Índice analítico

Acerca de la autora

Tracy Vonder Brink

A Tracy Vonder Brink le encanta visitar lugares nuevos. Ha ido a Italia, y Venecia es su ciudad favorita. Vive en Cincinnati con su esposo, sus dos hijas y dos perros de rescate.

CRABTREE Publishing Company

Written by: Tracy Vonder Brink
Designed by: Under the Oaks Media
Proofreader: Janine Deschenes
Translation to Spanish: Santiago Ochoa
Spanish-language Copyediting and Proofreading: Base Tres

Photographs:
Shutterstock: Phant: cover; prosign: p. 3; Catarina Belova: p. 5; prochasson frederic: p. 7; beboy: p. 9; muratart: p. 11; Ralf Siemieniec: p. 12-13; Blue Planet Studio: p. 15; Efired: p. 17, 18-19; Seregan: p. 20; Bahdanovich Alena

Library and Archives Canadá
Cataloguing in Publication
CIP available at Library and Archives Canadá

Library of Congress Cataloging-in-Publication Data
CIP available at Library of Congress

Crabtree Publishing Company
www.crabtreebooks.com   1-800-387-7650

Printed in the USA/062022/CG20220124

Copyright © 2023 **CRABTREE PUBLISHING COMPANY**

Published in the United States
Crabtree Publishing
347 Fifth Avenue, Suite 1402-145
New York, NY, 10016

Published in Canadá
Crabtree Publishing
616 Welland Ave.
St. Catharines, Ontario L2M 5V6